1187

»Komisch wie die *Zeit,* seriös wie die Nachrichten bei Sat.1, aktuell wie der Winterfahrplan der Deutschen Bahn – das ist täglich unser Ziel: unter www.spiegel.de/spam.«

Martin Sonneborn

Das Buch

SPAM ist das Satireportal von SPIEGEL ONLINE. Hunderttausende Leser verfolgen mit Begeisterung die größte deutschsprachige Satireseite im Internet, darunter überproportional viele Bundestagsabgeordnete und Verteidigungsminister. Die Fotowitze über den Berliner Politbetrieb, die täglich die Seite eröffnen, gehören zu den beliebtesten und meistverschickten Artikeln von SPIEGEL ONLINE.

Dieses Buch versammelt die lustigsten Fotowitze der Berliner Republik aus den vergangenen fünf Jahren.

Der Herausgeber

Martin Sonneborn, geboren 1965 in Göttingen; Studium der Publizistik, Germanistik und Politikwissenschaften in Münster, Wien und Berlin, Magisterarbeit über die absolute Wirkungslosigkeit moderner Satire. Von 1995 bis 2005 Redakteur und Chefredakteur bei »Titanic«. Heute Mitherausgeber des »endgültigen Satiremagazins«, außerdem Leiter des Satireressorts bei SPIEGEL ONLINE, Außenreporter der »Heute Show« (ZDF) und Bundesvorsitzender der Partei »Die PARTEI«.

Martin Sonneborn
(Hg.)

Ich will auch mal Kanzler werden...

999 Fotowitze aus
der Berliner Republik

Kiepenheuer & Witsch

Das Copyright sämtlicher Fotos liegt bei der Deutschen
Presse Agentur (dpa). Ausgenommen sind:

Seite 112, W. C. Fields: Hulton Archive / Getty Images
Seite 113, Dieter Hallervorden: WDR / Picture-Alliance
Seite 113, Genschman: Titanic
Seite 128, Stan Laurel: Andreas Heimann / Picture Alliance / GMS
Seite 153, Katarina Witt: Steffen Kugler / Getty Images
Seite 154, Jürgen Sparwasser: Markus Schreiber / AP
Seite 158, unten links: Uwe Meinhold / ddp
Seite 158/159: Matthias Rietschel / AP

Verlag Kiepenheuer & Witsch, FSC® N001512

1. Auflage 2011

© 2011, Verlag Kiepenheuer & Witsch, Köln,
und SPIEGEL ONLINE GmbH, Hamburg
Alle Rechte vorbehalten. Kein Teil des Werkes darf
in irgendeiner Form (durch Fotografie, Mikrofilm
oder ein anderes Verfahren) ohne schriftliche
Genehmigung des Verlages reproduziert oder unter
Verwendung elektronischer Systeme verarbeitet,
vervielfältigt oder verbreitet werden.
Umschlaggestaltung: Barbara Thoben, Köln
Umschlagmotiv: © picture-alliance/dpa/Michael Jung
Gesetzt aus der Officina Sans
Satz: Buch-Werkstatt GmbH, Bad Aibling
Druck und Bindung: CPI – Clausen & Bosse, Leck
ISBN 978-3-462-04257-3

Inhalt

Außenpolitik
**Angela Merkel – auf den Spuren
von Schröder & Fischer**   9

Krisen, Wahlen, Mövenpick
Der Untergang der FDP (I)   31

Koma, Kirche, Katastrophe
Der Untergang der FDP (II)   59

Klose oder Cacau
Der Untergang der FDP (III)   79

WikiLeaks vs. Playboy
Der Untergang der FDP (IV)   99

Mädchenjahre einer Kanzlerin
Die Merkel in China   115

Unter deutschen Kirchendächern
Priester-Report   137

Witze mit Bart
Nazi-Späße in Sachsen!   157

Was sonst noch geschah   161

Als wir SPAM, die Satireseite von SPIEGEL ONLINE, konzipier-
ten, beschlossen wir, als täglichen Aufmacher einen aktuellen
Fotowitz zu zeigen. Die Karikaturen deutscher Tageszeitun-
gen waren uns zu verschnarcht, und Fotowitze kannten wir aus
Titanic, dem endgültigen Satiremagazin. Das Rezept schien uns
einfach: Man nehme ein Foto, am besten eines mit zwei be-
kannten Politikern, und zwei lustige Sprechblasen. Wenn man
das geschickt zusammenmontiert, das wussten wir aus einschlä-
giger Erfahrung, muss der Leser lachen.

Wenige Tage bevor SPAM im Oktober 2006 online ging – die
Technik stand, die ersten Texte waren geschrieben –, machten
wir uns an die Produktion von Fotowitzen. Als Erstes schrieben
wir einen kleinen Vorrat an lustigen Sprechblasen: »Und ich
bin gar kein Arzt!«, »Kriegt man eigentlich Bonusmeilen, wenn
man aus dem Amt fliegt?«, »Ganz schön rote Nase für einen
Weißrussen...«. Dann suchten wir Bilder von Angela Merkel,
Franz Müntefering, Guido Westerwelle und ihren Kollegen heraus, montierten die Sprechblasen ein und lachten los. Lachten,
bis wir merkten, dass unsere Fotowitze gar nicht lustig waren.
Denn einen guten Fotowitz herzustellen ist schwieriger, als man
denkt.

Also riefen wir einen Fachmann an, Uwe Becker, den Foto-
witzgroßhändler, der als Monopolist hierzulande auch *Titanic*
beliefert, und bestellten aus seinem Lager 2500 gut sortierte Ex-
emplare für alle Gelegenheiten, mit Politikbezug und 1A-Pointe,
nur absolute Qualitätsware. Und mit denen kommen wir seither
gut über die Runden.

So gut, dass schon mal Pressereferenten aus dem Bundes-
ministerium für Verteidigung anrufen und erklären: »Der Herr
Minister würde sich freuen, wenn Sie ihm die Witze, in denen er
vorkommt, einmal gesammelt vorlegen könnten.«

Jetzt kann der Minister sich freuen, die Sammlung liegt vor.

Berlin im Frühjahr 2011   Martin Sonneborn

Außenpolitik

Angela Merkel – auf den Spuren von Schröder & Fischer

Den Deutschen hat Kanzlerin Angela Merkel schnell gezeigt, wer in der CDU die Hosenanzüge anhat. Aber was ist mit Europa, mit dem Rest der Welt? Außenpolitik gilt schließlich als Königsdisziplin, und das Amt des Außenministers ist mit Guido Westerwelle praktisch unbesetzt...

Die Fußstapfen von Merkels Vorgänger sind ziemlich groß. Auch im Ausland hatte sich Gerd Schröder stets gut gelaunt den realpolitischen Gegebenheiten angepasst.

Andererseits scheute sich Schröder nie, missliebige Themen wie z. B. die willkürliche Inhaftierung russischer Oppositioneller ganz offen zu thematisieren.

Wenn erfahrene Kollegen sich anfangs vor internationalen Auftritten der Kanzlerin um Deutschlands Reputation sorgen, dann verbergen sie das geschickt.

Denn ganz einfach ist es nicht, sich auf dem diplomatischen Parkett zu bewegen – nicht mal, wenn es um ein so banales Thema wie Umweltschutz geht.

Und gerade von amerikanischer Seite wird die devote Höflichkeit, die die Kanzlerin bei ihren ersten Staatsbesuchen an den Tag legt, nicht immer direkt erwidert!

Aber ein paar kleinere Orientierungsschwierigkeiten und...

...Missverständnisse der belangloseren Art...

...ganz zu Beginn von Merkels Kanzlerschaft...

...sind wohl ganz normal.

Mitunter kosten sie ein bisschen Geld, aber nie kommt es zu ernsthaften internationalen Konflikten.

Merkels persönliche Erfahrungen und ihre ausgeprägte Fähigkeit...

...zur Empathie öffnen ihr die Herzen nicht nur im Ostblock.

Und nicht jeder Regierungschef erhält nach einer sehr emotional gefärbten Rede vor dem US-Kongress *Standing Ovations!*

Lediglich die deutsch-französische Freundschaft wird weiterhin ab und an auf harte Belastungsproben gestellt.

Im Laufe der Jahre etabliert sich die deutsche Kanzlerin international, wird souveräner im Umgang mit den verhaltensauffälligen Kollegen...

...und verhandelt bald selbst mit der angehenden Weltmacht Nr. 1 auf gleicher Augenhöhe.

Na, was haben Sie denn Schönes auf meinem PC entdeckt?

Letztel Bestellung in Otto-Velsand zu teuel – Hosenanzug bei Tchibo billigel!

Zahlreiche internationale Ehrendoktorhüte und eine hochwertige bulgarische Auszeichnung sind der schönste Lohn!

Wer hat den Orden denn noch so bekommen?

Bisher nur Lothar Matthäus, Prost!

Aber Merkel kann auch austeilen: Großmütig verspricht sie Hamid Karzai personelle Unterstützung beim Aufbau der afghanischen Polizei...

...und kritisiert europäische Regierungschefs in West...

...und Ost ebenso konsequent wie...

...US-amerikanische Präsidenten hinter vorgehaltener Hand.

Heute beherrscht Angela Merkel Außenpolitik im Schlaf. Es gibt nichts, was sie noch überraschen kann – nicht mal die weltweit gefürchteten, abgestandenen Witze von Silvio Berlusconi:

»Ich bete, dass es nur ein Blitzkrieg wird...«

Nach langen Diskussionen, ob Deutschland sich nun in kriegsähnlichen Zuständen befindet oder einfach nur am Hindukusch ordentlich verteidigt wird, erklärt Verteidigungsminister Guttenberg – den Krieg. Die Nation ist verwirrt:

》 Krieg? Und wir sind dabei? Was soll's, auch da werden wir bestimmt nicht weiterkommen! 《

Uli Hoeneß, Bayern München

》 Kaum bin ich nicht mehr zuständig, fangen die da unten einen Krieg an! 《

Franz Josef Jung,
Ex-Verteidigungsminister

》 Kann sein, ich geh
aber nicht hin! 《

Dieter Bohlen, Künstler

》 Mir persönlich ist es Ehre
und Verpflichtung, gaaaanz vorne,
vor all unseren tapferen Soldaten,
voranzumarschieren.
Symbolisch natürlich, hilft den
Kameraden aber trotzdem! 《

Karl-Theodor zu Guttenberg,
Minister für kriegsähnliche Zustände a. D.

》 Und kurz bevor wir den
Krieg verlieren, sprengen Sie mich
in die Luft, Graf Guttenberg? 《

Angela Merkel,
Kanzlerin und Oberbefehlshaberin

》 Wenn das Krieg sein soll,
was ist dann in Berlin los?
Hier brennen Autos! 《

Klaus Wowereit, Bürgermeister

» Tja, hätte ich das schon ein paar Wochen früher gewusst, hätte ich auch schweres Geschütz auffahren können. «

Oberst Klein, Bundeswehreinsatzleiter

» Krieg kennen viele noch von früher, als es immer hieß: Krieg ich hier noch was zu trinken? «

Oliver Pocher, TV-Clown

» Hoffentlich haben das die Taliban nicht gehört, nicht dass sie sich angegriffen fühlen... «

Claudia Roth, Grüne

» Krieg ist doch total unmodern. Wenn wir möglichst viele Leute zerlegen wollen, nehmen wir einfach eine CD auf! «

Tokio Hotel, DDR-Band

» Krieg? Schlecht, den verlieren wir doch immer. «

Franz Müntefering, SPD

» Wir als Liberale begrüßen das! Im Krieg kann jeder Soldat eigenverantwortlich seine Dienstzeit verkürzen! Bumm and over, you understand? «

Guido Westerwelle, Außenminister und Vize-Oberbefehlshaber

» Also, wenn DAS ein Krieg sein soll, bekenne ich mich schuldig im Sinne der Anklage! «

Radovan Karadzic, Kriegsherr

» Lesen Sie dazu auch mein demnächst erscheinendes Buch: ›Fffffft – Wumm. Als Kanonenkugel im Hindukusch‹ «

Günter Wallraff, Enthüllungsjournalist

» Deutschland im Krieg!
Dass ich das zu meiner Bestattung
noch erleben darf! «

Jürgen Rieger, hirntot

» Ich habe unter Tarantino
gedient und gegen die verdammten
Nazis gekämpft... Über so einen
Westentaschen-Krieg kann ich
da nur lachen! Die haben ja nicht
mal richtige Spezialeffekte! «

Til Schweiger, Schauspieler

» Dass ich das noch (mal)
erleben darf! Aber:
Ich singe nicht bei den Bundeswehr-
soldaten in Kundus! «

Jopi Heesters, alter Truppenunterhalter

» Ich bete, dass es nur ein
Blitzkrieg wird,
wegen der Kinder – bald ist
doch Weihnachten!!!! «

Ursula von der Leyen, Ministerin

Krisen, Wahlen,
Mövenpick

Der Untergang der FDP (I)

Nach zähen Jahren der Großen Koali-
tion ist Angela Merkel der griesgrä-
migen Sozialdemokraten überdrüs-
sig. Eigentlich möchte sie doch viel
lieber mit den lustigen, gut gelaun-
ten Freidemokraten regieren! Ers-
tens weil das mehr Spaß verspricht,
und zweitens weil sie die FDP mit
der FDJ verwechselt – und für die
war sie schon zu DDR-Zeiten erfolgreich tätig, als Sekretärin für Agi-
tation und Propaganda. So lässt die
Kanzlerin der Herzen für September
2009 Neuwahlen ausrufen...

Sommer 2008: Die deutsche Sozialdemokratie befindet sich – mal wieder – in einer schweren Krise.

32

Nach langen Querelen und ungezählten Demütigungen durch Parteifreunde tritt der SPD-Vorsitzende Kurt Beck zurück...

...und Frank-Walter Steinmeier wird Kanzlerkandidat. Ein frischer Wind erfasst die ehemalige Arbeiterpartei!

Sofort holt sich die Partei prominente Unterstützer: erfolgreiche Kulturschaffende im Inland...

...und pragmatische Machtpolitiker im Ausland.

Trotzdem sieht es gar nicht gut aus für die SPD.

In Sachsen liegt die ehemalige Volkspartei in vielen Umfragen bereits hinter der verkommenen NPD!

Auch die wirtschaftliche Situation steht nicht zum Besten, die Wirtschaftskrise in den USA zieht Kreise in Europa...

...und Opel steht in Deutschland vor der Pleite, braucht dringend ein paar Milliarden Geld!

Zum Glück gibt sich zumindest die Kanzlerin selbstbewusst; nicht nur in wirtschaftlichen Angelegenheiten, sondern auch im Hinblick...

...auf die anstehende Bundestagswahl. Nicht einmal von den avisierten...

...UN-Wahlbeobachtern lässt sie sich irritieren.

Obwohl es sich um einen routinemäßigen UN-Besuch handelt, gibt es leichte Nervositäten.

Zumal es Diskussionen um die Verteilung von Überhangmandaten und die Nichtzulassung mehrerer kleiner Parteien gibt.

Die Sozialdemokraten stehen natürlich auch diesmal auf dem Wahlzettel, nehmen allerdings...

...keinen gravierenden Einfluss auf das endgültige amtliche Wahlergebnis.

Die saftige Wahlniederlage der SPD ist des einen Freud'...

...und des anderen auch: Die Spaß- und Steuersenkungspartei FDP übernimmt als Koalitionspartner der Union Regierungsverantwortung.

Aber bevor sämtliche Wahlversprechen (Steuersenkungen, Steuersenkungen und Steuersenkungen) umgesetzt werden, wird sich erst mal gefreut...

...nach den langen, langen Jahren in der Opposition, und gefreut, und gefreut, und gefreut. Und gefreut!

Leider hält der harte Regierungsalltag allzu schnell Einzug: Der Bundeswehreinsatz in Afghanistan ist nicht so erfolgreich wie geplant, und...

...der Neu- und schon wieder angehende Ex-Verteidigungsminister Jung ist ein williges Werkzeug in den Händen seines Ministeriums.

Immerhin hat die FDP eine schlüssige Antwort auf diese und alle anderen politischen Fragestellungen: Steuern senken!

Diese gilt natürlich auch im Falle von Steuererhöhungen oder der Einführung neuer Abgaben.

Die FDP hat das Glück, den entscheidenden und richtungsweisenden politischen Erfolg dieser Legislaturperiode gleich zu Beginn feiern zu können.

Die Zusatzzahl im Lotto wird definitiv abgeschafft!

Aber dann beginnt für Außenminister Westerwelle die Zeit der Leiden: Hohn und Spott sind die Reaktion auf seine unwirsche Bitte, bei Pressekonferenzen in Deutschland die Fragen auf Deutsch zu stellen.

Und wie erkläre ich das meinen Wählern?

Auf keinen Fall auf Englisch!!!

Dabei spricht der Spitzenliberale eigentlich sehr gut Englisch; er versteht nur nicht, was er sagt.

Der zweite, fast noch beeindruckendere Beitrag der Klientelpartei zum politischen System der Bundesrepublik ist ein völlig neues Modell zur Parteien- bzw. Gesetzesfinanzierung.

Ein Modell, das für die Liberalen unter ihrem Außenminister noch erhebliche Ausbauchancen...

...und Entwicklungsmöglichkeiten bietet!

Klar, dass das bei den einfachen FDP-Mitgliedern mitunter zu Missverständnissen führt.

Als weiteres Sorgenkind der FDP kann sich überraschend schnell Wirtschaftsminister Brüderle profilieren, der in Umfragen schlecht benotet wird...

...aber zu wenig von den Vorgängen um sich herum versteht, als dass ihn das belasten würde.

Erst ein deutlicher Absturz in der Wählergunst zwingt die Liberalen zu einer außerordentlichen Klausurtagung.

Leider bleibt die Krisensitzung ohne wirkliche politische Konsequenzen.

60 Jahre Grundgesetz

Das ursprünglich nur als Provisorium gedachte Grundgesetz muss – für viele Heimwerker ein vertrautes Phänomen – doch länger halten. Prominente äußern sich zum Jubiläum:

» Drei Artikel kennt und benötigt die deutsche Sprache. Die übrigen 143 sind überflüssiger Humbug! «

Marcel Reich-Ranicki, Literaturkritiker

» Ich habe mein eigenes Grundgesetz. Es lautet: Wo ich bin, ist unten. Und das lass ich mir von niemandem nehmen. «

Franz Josef Wagner, Kolumnist

» Herzlichen Glückwunsch!
Ich habe leider nur 20 Jahre Grundgesetz hautnah miterlebt, davor war ich einige Jahrzehnte in einem kommunistischen Unrechtsregime wissenschaftlich tätig. «

Angela Merkel, Kanzlerin

» Ich brauche
das Grundgesetz nicht,
ich kenne meine Rechte. «

Vitali Klitschko, Boxer

» Wir sind in diesen 60 Jahren nur 21 Mal Deutscher Meister geworden. Das ist für mich kein Grund zu feiern. Man sollte das Grundgesetz endlich ändern! «

Uli Hoeneß, Manager FC Bayern München

» Wir haben früher, in meiner Jugendzeit, kein Grundgesetz gebraucht, aber jetzt, seit sechzig Jahren, brauchen wir plötzlich eines. Meine Herren, in meinem Alter tut man sich leider schwer mit solchen Veränderungen… «

Jopi Heesters, Schauspieler, Sänger

» Ich hab mal kurz reingeguckt, ist aber nichts für mich. «

Bushido, Rapper

» Warum hat man sich vor 20 Jahren eigentlich nicht für die DDR-Verfassung entschieden? Die klingt viel hübscher, und man darf alle Strophen singen, nicht nur die dritte! «

Erwin Sellering,
Ministerpräsident Mecklenburg-Vorpommern

» 60 Jahre alt, ehrlich? Einige meiner Körperteile sind viiiiel jünger, wollen Sie mal fühlen? Heee, warum laufen Sie weg? «

Dolly Buster, Schauspielerin,
Produzentin, Regisseurin, Malerin

» Aus welchem ähh... Grund wurde das eigentlich ähh... erlassen? «

Boris Becker, Ex-Tennisspieler

**Koma, Kirche,
Katastrophe**

Der Untergang
der FDP (II)

Die FDP ist tatsächlich Regierungs-
partei geworden. Das Problem ist
nur: Sie hat das Regieren schon
lange, lange verlernt, weiß gar nicht
mehr, was man da genau tun muss!
Was für ein Dilemma: Die Sozialdemokraten wissen, wie Regierung
geht, können aber keine Wahlen –
bei den Freien Demokraten ist es
genau umgekehrt. Zum Glück gibt
es wenigstens einen Deutschen, der
von Guido Westerwelles Politik profitiert: sein Bruder Kai...

Vorgezogene Landtagswahlen in Hessen! Auf der einen Seite führen Merkel und Koch in aller Freundschaft strategische Diskussionen, auf der anderen hat die SPD wirkliche Probleme. Und das, obwohl ihr Spitzenkandidat Thorsten Schäfer-Gümbel...

...ganz nach seinem Vorbild Barack Obama voll auf den Einsatz modernster Kommunikationstechnologie setzt: auf eine eigene Facebook-Seite!

Die Sozialdemokraten müssen – wie vor jeder Wahl – mit dem Schlimmsten rechnen, dagegen...

...kann die Hessen-CDU ihre Situation eigentlich recht entspannt sehen. Der anschließende deutliche Wahlerfolg gibt ihr recht.

Aber was heißt schon Wahlerfolg, wenn es keine Verlierer gibt? Gerade bei historisch schlechten Ergebnissen ist die Kunst der Interpretation gefragt!

In den Unionsparteien läuft alles wie gewohnt. Der bekannte Antifaschist Günther Oettinger vermeidet weitere Filbinger-Verherrlichungen, wo immer es geht, und während...

...sein bayerischer Kollege Michael Glos mit jeder Wortmeldung seinen Rücktritt als Wirtschaftsminister rechtfertigt, sorgt...

...Innenminister Schäuble konsequent für Sicherheit im Lande.

Peter Ramsauer empfiehlt sich unterdessen als ebenso sparsamer wie kompetenter Fachmann und sägt am Stuhl des glücklosen Verkehrsministers Tiefensee.

Ministerpräsident Dieter Althaus liegt nach einem Ski-Unfall im Koma. Zum Glück ist der Thüringer bald auf dem Wege der Besserung und kann von seiner Partei...

...wieder als Spitzenkandidat für die anstehenden Landtagswahlen nominiert werden.

Eine Herausforderung, der sich Althaus selbstverständlich stellt.

Ebenso wie im Westen Arbeiterführer Jürgen Rüttgers, der in seinem Wahlkampf statt auf Inhalte lieber – erfolglos – auf Rumänenwitze setzt. Immerhin eröffnet er der CDU…

…eine neue Einnahmequelle: »Rent a Rüttgers«, Gesprächstermine gegen Geld! Und spart auch gleich noch seinen Generalsekretär ein, als die Sache auffliegt.

In Sachsen dagegen müht sich Ministerpräsident Tillich vergeblich, das Konzept zu übernehmen.

Wenig später offenbart sich, dass wenigstens ein Deutscher von der Politik Westerwelles profitiert: sein Bruder Kai! Denn dessen Firma ist auf einmal bei Staatsbesuchen mit im Tross.

Erfunden wurde das Protegieren von Familienmitgliedern allerdings von den Sozialdemokraten.

Vermeintliche Erfolge der SPD stellen sich in dieser Zeit zumeist als Missverständnis heraus.

Und die Umfrageergebnisse fallen weiterhin eher so... mittel... aus.

Dann drängen die Kirchen in die Medien: Bischöfin Margot Käßmann wird Zeugin eines Wunders.

In der katholischen Kirche werden immer mehr Missbrauchsfälle publik.

Natürlich weiß man dort professionell mit der Kritik umzugehen...

...bzw. mit den Betroffenen.

Eine Hotline für Opfer wird eingerichtet...

...und Bischof Mixa schon ein paar Monate später aus dem Verkehr gezogen.

Er muss seinen Rücktritt einreichen und zieht sich zurück in ein Frauenkloster.

Deutsche Schlägerparade

Neuestes vom Mixa

Die »ein oder andere Watsche« verteilt zu haben, findet Bischof Mixa »vollkommen normal«. Fachleute finden das auch:

» Prügel sind keine Lösung. Aber wenn man sich das mal klarmacht und wirklich nur aus Spaß an der Freud zuschlägt, finde ich es völlig okay. «

Bushido, Rapper

» Herr Mronz gibt mir manchmal auch einen Klaps hinten drauf. Das schadet niemandem! «

Guido Westerwelle, Außenminister

» International hat Mixa keine Chance, zu alt. «

Wladimir Klitschko, Boxer

» Ein Einsatz von Herrn Walter Mixa in Afghanistan ist momentan nicht geplant, zumal es da auch völkerrechtliche Bedenken gäbe. «

Karl u. Theodor Guttenberg,
Verteidigungsminister a. D.

» An den Vorwürfen ist sicher nichts dran. Ich habe Kardinal Mixa als sehr, sehr zärtlichen und einfühlsamen Bischof kennengelernt. «

Benedikt Nr. 16, Papst

» Ich traue ihm das nicht zu, aber ich fand ja auch Adolf Hitler nett… «

Jopi Heesters, Entertainer

» Für mich wären solche Vorwürfe Grund genug, zurückzutreten. Leider bin ich aber schon zurückgetreten. «

Margot Käßmann, Hausfrau

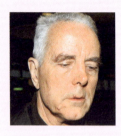

» Ein paar Ohrfeigen würde ich auch zugeben, aber mehr nicht! «

Bischof Williamson, Holocaust-Leugner

» Ob er einen Aufstand niederschlagen könnte? Z. B. in Kirgistan? «

Dmitri Medwedew u. Wladimir Putin, Russen

» Respekt, den Rowdy-Bischof würd ich gern mal bei ›Schlag den Raab‹ sehen… «

Stefan Raab, Geschäftsmann

Klose oder Cacau
Der Untergang der FDP (III)

Krisen kommen und gehen, Angela Merkel bleibt. Ihre alten Minister-präsidenten jedoch sind allmählich verbraucht, sie treten reihenweise zurück und wechseln in ehrbare Berufe. Bei den Koalitionspartnern drängen mittlerweile Nachwuchs-talente in höchste Positionen: Ein paar Jugendliche übernehmen Ge-sundheits-, Verteidigungs- und Fa-milienministerium...

In vielen Ministerien prägt mittlerweile eine neue Generation junger Politiker das Bild und lässt die alten Haudegen...

...teilweise doch schon recht alt aussehen.

Die jungen Leute verfügen über eigene Erklärungsmuster...

...und stehen mit beiden Beinen fest im Leben.

Sie vertreten unkonventionelle Denkmodelle und im eingefahrenen Bundestagsbetrieb...

...haben sie es nicht immer ganz einfach. Aber sie geben auf allen Positionen ihr Bestes...

...und bemühen sich eifrig, täglich dazuzulernen.

Merkels alte Ministerpräsidenten treten allmählich ab; manche gehen nach verlorenen Landtagswahlen in die Wirtschaft (Gasthaus Eule, Pulheim).

Andere gehen – endlich! – in den Bau (Bilfinger Berger).

Nicht nur viele Hessen atmen auf, als Roland Koch zurücktritt, auch...

...Angela Merkel schlägt drei Kreuze!

Ein paar alte Männer, über die sie sich ärgern kann, bleiben der Kanzlerin dennoch erhalten: in den Reihen des ehemaligen Koalitionspartners.

Interne Probleme gibt es aber auch genug! Die Weltwirtschaft steht mehrfach kurz vor dem Kollaps, und ausgerechnet ein unbedarfter Pfälzer Weinkönig…

…ist für die größte Wirtschaft Europas verantwortlich. Im Falle der Milliarden-Kredite für Griechenland hilft ihm anfangs noch Intuition.

Wenig später nicht mehr. Glücklicherweise fällt das in...

...einer mittlerweile weitgehend unseriösen Weltwirtschaft kaum weiter auf.

Entsprechend greift Kanzlerin Merkel auf weitere Wirtschaftsspezialisten...

...bzw. ausgewiesene Geldfreunde und -fachleute zurück.

Trotz aller Anstrengungen der Regierung wird die Krise überstanden!

Das Land kann sich anderen spannenden Dingen widmen: Für gaaaaaanz kurze Zeit ist Ursula von der Leyen als Bundespräsidentin im Gespräch, bevor sie…

...von Schwiegermütter-Albtraum Christian Wulff ungewöhnlich elegant ausgebootet wird.

Wirklich von Bedeutung allerdings sind in diesem Sommer ganz andere Entscheidungen.

Aber Bundestrainer Löw macht fast alles richtig, sehr...

...zur Freude der einfachen Bevölkerung.

Lediglich das Halbfinale gegen die quirligen, technisch versierten und komplett bankrotten Spanier...

...steht unter keinem guten Stern.

Deutschland muss sich nach bravourösem Turnier mit einem 3. Platz bzw. einem Herrn Wulff zufriedengeben.

Was der FDP gut ins Konzept passt!

Fortsetzung folgt

Ein vorbestrafter Ministerpräsident: Ist Althaus noch tragbar?

Nach einem schweren Ski-Unfall ist Dieter Althaus von einem österreichischen Gericht wegen fahrlässiger Tötung verurteilt worden und gilt somit als vorbestraft. Ob er trotzdem ins Amt zurückkehren sollte, darüber gehen die Meinungen prominenter Fachleute auseinander:

» Die Frage muss doch viel eher lauten: Warum hat seine Partei ihn noch nicht zum Ehrenvorsitzenden gewählt? «

Otto Graf Lambsdorff,
FDP-Ehrenvorsitzender

» Einer, der sich verurteilen lässt, hat in der Regierung nichts zu suchen. «

Silvio Berlusconi, Regierungschef

>> Er sollte eine Chance bekommen. Ich denke, es geht keine Gefahr mehr von ihm aus! <<

Klaus Wowereit, Bürgermeister

>> Der Unfall, der Prozess, es ging alles so wahnsinnig schnell, und alles ohne Zeugen! Ein beeindruckender Mann! <<

Michael Schumacher, Rennautofahrer

>> Einige der bedeutendsten deutschen Politiker waren Verbrecher, wenn auch nicht ganz so schlimme, wie überall behauptet wird! <<

Bischof Williamson, Geschichtsexperte

>> Wegen solcher Leute haben wir damals den antialpinistischen Schutzwall gebaut. Aber der Westen wollte ja nichts davon wissen. <<

Egon Krenz, SED

» Nun, es besteht natürlich schon die Gefahr, dass ein vorbestrafter Ministerpräsident Lobby-Politik für andere Vorbestrafte betreibt. Aber man sollte das als Chance sehen. «

Klaus Zumwinkel, Ex-Postmann

» Ich sehe den Vorgang Althaus mit Skepsis. Herrgottsakra, wenn er wenigstens stockbesoffen gewesen wäre! «

Günther Beckstein,
CSU-Experte für Fahren unter Alkoholeinfluss

» Ach, der war bislang noch gar nicht vorbestraft? Armes Deutschland. «

Martin Semmelrogge, Schauspieler

» Althaus, Althaus... muss ich den kennen? «

Dieter Althaus, Ministerpräsident

WikiLeaks vs. Playboy
Der Untergang der FDP (IV)

Angela Merkel ist auf dem Höhepunkt ihrer Macht. Die FDP dagegen liegt in Umfragen so tief wie der Stuttgarter Hauptbahnhof in den Bauplänen der Deutschen Bahn. Aber Guido Westerwelle wäre nicht Guido Westerwelle, wenn er nicht schon einen fulminanten Rettungsplan für seine Drei-Prozent-Partei parat hätte...

Nichts ist mehr so, wie es mal war unter Schwarz-Gelb. Technische Neuerungen prägen die Zeit, Google Street View wird genauso intensiv diskutiert...

...wie die modernen Formen der Sicherungsverwahrung...

...der Ankauf von Steuersünder-Dateien und...

...ein leichtes Tieferlegen des Stuttgarter Hauptbahnhofs.

Auch sonst ist die Welt aus den Fugen: Gregor Gysi ist bei Forsa erstmals beliebter als Guido Westerwelle, tut aber bescheiden.

Da bin ich doch nur einer von 80 Millionen!!!

Bei Frank-Walter Steinmeier steigen die Sympathiewerte deutlich, als er für seine Frau eine Niere spendet...

Ich... ääh...

Herr Pofalla spendet seinen Blinddarm!

...und bei Bestseller-Autor Thilo Sarrazin sinken sie rapide; zumindest unter Sozialdemokraten.

Ebenso bei Erika Steinbach.

Aber auch die ehemaligen Volksparteien selbst stürzen in den Umfragen ab. In Anbetracht der Zuwächse bei den Grünen bleibt der Kanzlerin nur...

...die Verbreitung von Zweckoptimismus.

Die handstreichartige Laufzeitverlängerung für Kernkraftwerke um zwölf Jahre polarisiert das Land zusätzlich.

Während die Sozialdemokraten bei den anstehenden Castor-Transporten eher über traditionelle Formen der Auseinandersetzung nachdenken...

...kommen im Wendland bereits viel modernere und weniger furchtbare Methoden zum Einsatz: das Schottern zum Beispiel!

Selbstverständlich erreichen die Castor-Transporte trotzdem ihr Ziel.

Im Gegensatz zu den Terroristen, vor denen der Innenminister plötzlich recht ansatzlos warnt.

Glücklicherweise verfügt de Maizière über eiserne Nerven und gerät auf seine drastische Warnung hin selbst nicht in Panik!

Ein Skandal folgt jetzt auf den anderen: WikiLeaks veröffentlicht streng geheime Informationen, mit...

...denen die Betroffenen umgehen müssen, so gut...

...oder schlecht sie können. Dass die FDP inzwischen deutlich unter 5 Prozent gehandelt wird, ist allerdings kein Geheimnis.

Nicht jede Partei hat es übrigens in die WikiLeaks-Veröffentlichungen geschafft.

Und Guido Westerwelle wäre nicht der rechte Vorsitzende für seine beliebte Vier-Prozent-Spaßpartei, wenn er nicht auch...

...eine brillante Lösung für diese existenzielle Krisensituation hätte!

Blick zurück
Alle FDP-Vorsitzender

Die traditionsreiche Spaßpartei FDP steht vor dem Aus. Grund genug

THEODOR HEUSS
(1948–1949)

FRANZ BLÜCHER
(1949–1954)

TÜNNES
(1960–1968)

SCHÄL
(1968–1974)

n Spaß:
auf einen Blick!

ch einen letzten Blick auf sämtliche Vorsitzenden zu werfen:

THOMAS DEHLER
(1954–1957)

REINHOLD MAIER
(1957–1960)

HANS-DIETRICH GENSCHER
(1974–1985)

MARTIN BANGEMANN
(1985–1988)

OTTO GRAF LAMBSDORFF
(1988–1993)

KLAUS KINKEL
(1993–1995)

WOLFGANG GERHARDT
(1995–2001)

GUIDO WESTERWELLE
(2001–2011)

GUIDO CANTZ
(2011 bis Ende)

Mädchenjahre einer Kanzlerin
Die Merkel in China

Von einem fremden Land ins nächste – die deutsche Kanzlerin reist durch China, als wäre es die Uckermark! Zuvor hat sie angekündigt, im Falle der Menschenrechte nicht »um den heißen Brei herumreden« zu wollen. Und das tut sie dann auch nicht: Schon weil die Chinesen gar keinen heißen Brei kennen...

Schon die Begrüßung ist verheißungsvoll und...

...die Stimmung in China gelöst.

Vorsichtige Kritik ist erlaubt, wenn die bilateralen Beziehungen gefestigt sind: Die Themengebiete chinesische Plagiate...

...und Folter im Reich der Mitte werden gleich zu Anfang abgehakt.

Und zwar durchaus offen von beiden Seiten.

Die Menschenrechte werden eben von Kontinent zu Kontinent...

...unterschiedlich interpretiert.

Wichtig ist es, sie trotzdem auf jeden Fall anzusprechen.

Möglichst unauffällig natürlich.

So können bei diesem Staatsbesuch beide Seiten das Gesicht wahren. Und mit etwas Glück lassen uns die Chinesen bei den nächsten Olympischen Spielen ein paar Medaillen gewinnen.

Schwere Vorwürfe gegen Schwarz-Gelb:

Darum ging Quelle pleite!

Skandalös: Bundeskanzlerin Merkel und Außenminister Westerwelle persönlich sind schuld am Niedergang von Quelle!

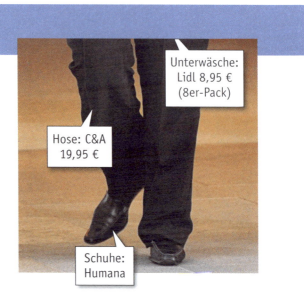

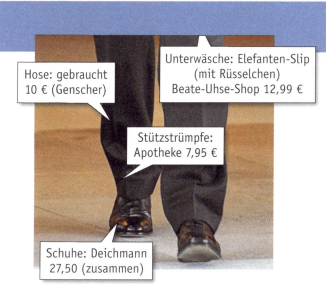

Darum ging Quelle Pleite

Der längste Kanzler der Welt:

Birne wird 100 (fast)!

Und alle, alle gratulieren:

>> Kohl? Ist das nicht dieser Knilch, der die Mauer gebaut hat? <<

Lady Gaga, Sängerin

>> Rhetorisch war er ja nich so… äh… gut. <<

Boris Becker, Tennisspieler

» Ich gratuliere, muss aber anmerken, dass einer seiner Söhne so eine Kopftuch-Frau geheiratet hat. Ansonsten – stramme Lebensleistung! «

Thilo Sarrazin, Autor

» Ach, gut dass Sie mich daran erinnern! «

Angela Merkel, Bundeskanzlerin

» Nett, dass Sie an meinen Geburtstag gedacht haben! Der achtzigste war aber doch schon letztes Jahr... «

Jopi Heesters, Entertainer

» JU-Vorsitzender zu sein, wie Dr. Kohl es ebenfalls war, das erfüllt mich mit Schlonz, äh, Stolz. «

Philipp Mißfelder, JU-Vorsitzender

>> 80? Kohl?
Der Box-Promoter? <<

Wolfgang Schäuble,
Finanzminister

>> Ich wünsche meinem jungen
Kollegen viel Erfolg für seinen
weiteren beruflichen Werde-
gang. Mein Format hat er aber
natürlich nicht. <<

Helmut Schmidt, Ganzaltkanzler

>> Mir ist das alles ein Rätsel.
Ich habe ihm die DDR doch in
ordnungsgemäßem Zustand
übergeben! <<

Lothar de Maizière,
letzter DDR-Ministerpräsident

>> Es tut mir leid, dass
ich damals über ihn gesagt habe,
er hätte wohl einen Blackout
gehabt. Aus heutiger Sicht muss
ich fragen: einen? <<

Heiner Geißler, Parteifreund

» Ursprünglich wollten wir ja ihn verhüllen statt des Reichstags. Das wäre dann aber doch zu teuer geworden! «

Christo, Künstler

» Okay, Merkel war vielleicht sein Mädchen. Aber ich, ich war sein Junge! Und zwar jahrelang! Immer und immer und immer wieder… «

Kai Diekmann, taz-Besitzer

» Gestern noch der gefeierte Staatsmann, heute ein Niemand, der sich von Nullen wie mir zum Geburtstag gratulieren lässt. Tiefer kann ein Mensch nicht sinken. Herzlichen Glückwunsch! «

Franz Josef Wagner, Boulevard-Journalist

» In meinem neuen Film ›Inglorious Fettsack‹ wird auch mit diesem dunklen Kapitel der deutschen Geschichte aufgeräumt! Und zwar so gründlich, dass in Oggersheim kein Stein auf dem anderen bleibt! «

Quentin Tarantino, Regisseur

Aber das ist doch kein Alter!
Warum ist er
denn nicht mehr im Amt?

Benedikt Nr. 16, Papst

 Ich habe die Zusammenarbeit
mit ihm immer sehr genossen.

Stan Laurel, Schauspieler

Hartz-IV-Erhöhung: 5 Euro mehr!

von der Leyens Rechenkünste

Nicht nur Hartz-IV-Empfänger fragen sich: Wie kam die Ministerin bloß auf diese runde Summe?

»Also, es war nämlich so: Wir haben ja zu den 359 Euro zunächst die Internet-Kosten zugeschlagen. Die billigste Flatrate für 19,95 natürlich. Macht 378,95...«

»Dann haben wir noch gedacht, na komm, einen Kasten Wasser gibt's noch für 2,99 vom ALDI obendrauf, dann kommen wir schon auf 381,94 Euro, huiii...«

»Das war uns dann aber doch etwas zu viel, wir wollten ja auch noch pro Quartal die 10 Euro für die Praxisgebühr übernehmen... Puuh!«

»Da kommen ja noch einmal so Pi mal Daumen 3,33 Euro im Monat dazu, Herrschaftszeiten, dachten wir...«

»...nun sind wir ja schon bei 385,27 Euro! Unmöglich. Und dann fiel uns Gott sei Dank ein...«

von der Leyens Rechenkünste

»...dass wir ja was für die Gesundheit der Leutchen tun wollten, also zogen wir einfach 26,27 Euro für Tabak und Alkohol ab. Als wir dann 385,27 um 26,27 gekürzt hatten...«

»...mussten wir feststellen, dass wir wieder bei genau 359 Euro gelandet waren. Es war ein Schock!«

»Wir waren alle frustriert und müde. Da sagte mein leicht alkoholisierter Staatssekretär: Kommen Sie, Ursula, wir geben denen jetzt einen aus, fünf Euro und Feierabend!«

»Unter uns: Ich will mir gar nicht ausmalen, was passiert wäre, wenn der Staatssekretär den letzten Prosecco auch noch aufgemacht hätte...«

von der Leyens Rechenkünste

Und die Reaktionen:

von der Leyens Rechenkünste

SPD am Ende (Teil 2735)

NEUE AG »SOZIALDEMOKRATEN IN DER SPD«
Müntefering außer sich!

Unter deutschen Kirchendächern
Priester-Report

Seitdem der Vorsitzende der Deutschen Bischofskonferenz, Erzbischof Zollitsch, den Zölibat infrage stellt (»Der Zölibart muss ab!«), tobt in Kirchenkreisen eine erregte Debatte. Einerseits wäre das Problem mit dem fehlenden Priesternachwuchs wohl bald gelöst. Andererseits tun sich für die Priester neue, letztgültige Fragen auf: Wie und wo lernt man Frauen kennen? Worüber spricht man mit ihnen? Blond oder brünett?

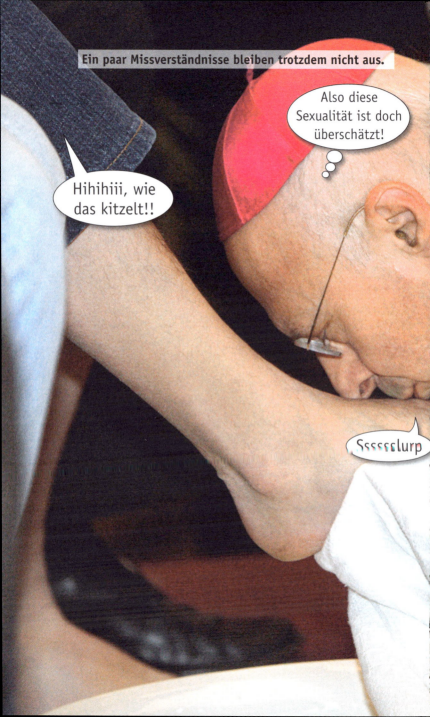

Die neuen Uniformen sind super!

...und biegen sie um, ganz im Sinne der Kirche.

SPD am Ende (Teil 3794)

»Die Zonis wollten wieder gehen!«

20 Jahre Wiedervereinigung, 20 Jahre Deutsche Zweiheit: Was sagen prominente Prominente zu dem Schlamassel?

» Die Deutsche Einheit ist ein Geschenk Gottes, ein Umtausch ist also leider nicht möglich. Es bleibt nur die Hoffnung auf neue Geschenke. «

Benedikt Nr. 16, Papst

» Bloß gut, dass ich dazu nichts mehr sagen muss… «

Horst Köhler, Altbundespräsident

» Na ja, das Ganze hätte man vielleicht auch besser Stefan Raab überlassen sollen! «

Lena Meyer-Landrut, Sängerin

» Ich denke, noch mal zwanzig Jahre sollten genügen, dann hat Deutschland wirklich genug gebüßt für den versemmelten Krieg. «

Guido Knopp, TV-Historiker

» Liebes Deutschland, du wirst heute zwanzig. Mit zwanzig hat man noch Träume, Hoffnungen, Ideale, Haare, Zähne, Erektionen, Verdauung, Gedanken... Kurz: Ich beneide dich! «

Franz Josef Wagner, Rentner

» Ich fühlte mich in der DDR eigentlich nie eingeschlossen, dafür war ich zu sporadisch vor Ort! «

Katarina Witt, Eiskunstläuferin i. R.

» Wenn wir Deutschen jetzt feiern, sollten wir doch nicht vergessen, wem wir die Deutsche Einheit zu verdanken haben. Leider weiß ich es selber auch nicht mehr. «

Helmut Kohl, Altkanzler

» Die Zonis haben versprochen, dass sie wieder gehen, wenn es keine D-Mark mehr gibt! «

Wolfgang Schäuble, Minister

» Das kommt davon, wenn man nachgibt. «

Ahmadinedschad, Präsident

» Was bei den Vorzügen der Deutschen Einheit oft weggelassen wird: die positive Länderspielbilanz der DDR gegenüber der BRD. «

Jürgen Sparwasser, Fußballer i. R.

» Prima, aber alles haben
wir noch nicht zurückbekommen,
hahaha! «

Erika Steinbach, Vertriebene

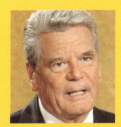

» Ich halte die Einheit
nicht nur für unglaublich wichtig,
nein, ich scheue mich
nicht zu sagen: Ich liebe sie!
Fast so sehr wie mich. «

Joachim Gauck, Erfinder der Gauck-Behörde

» Für uns ist das nichts.
ALDI-Süd kommt
mir nicht ins Land! «

Kim Jong Il, Diktator

» Die Einheit war gerade für
uns aus dem Osten eine große
Chance, ›Vorsitzende des
Staatsrats‹ klingt so sperrig. «

Angela Merkel, Bundeskanzlerin

» Den Mauerfall fand ich prinzipiell gut. Dass sie mir direkt auf den Kopf knallte, dafür kann die Mauer ja nichts. «

Kai Pflaume, TV-Moderator

» Es hat sich ja nicht viel verändert. Wartburg oder Opel, wer die Wahl hat, kauft sowieso was anderes. «

Klaus Franz, Opel-Betriebsrat

» Wie – die Mauer ist weg? Ist ja irre. Da kann man mal sehen, was ein Lied wie ›99 Luftballons‹ bewirken kann! «

Nena, Sängerin

» Ich habe den Einsturz dieses Gebäudes stets als große Inspirationsquelle gesehen, möchte allen deutschen Aktivisten auf diesem Wege gratulieren und dem Rest von euch die Schweinegrippe an den Hals wünschen. «

Osama bin Laden, Sektenchef

Witze mit Bart
Nazi-Späße in Sachsen!

Wie der NPD-Fraktionsvorsitzende Holger Apfel in Sachsen einmal eine irre Idee hatte...

Was sonst noch geschah

Aber Politik ist ja nicht alles! Es gibt ja noch Liebe, Lenkradschaltung, Computerspiele, Selbstmordattentäterinnen, Milchmänner, Knastbrüder und Dioxin-Skandale! Und Berlusconi! Und die FDP...

Hans-Werner Sinn vergleicht die Kritik an Managern mit der Judenverfolgung im Dritten Reich.

Bald müssen die armen Schweine noch einen gelben Stern tragen...

Am Auto haben die meisten schon einen!!

Michael Schumacher fährt wieder Rennen – aber die Pause war anscheinend zu lang!

Haha, ihr spinnt wohl – Lenkradschaltung???

Ekel-Fotos gegen Koma-Saufen

»Don't drink too much – stay gold« – die bundesweite Bierdeckel-Kampagne der Polizei gegen – hicks! – Alkohol will mit »ekelhaften und sehr harten Bildern« arbeiten. Und hier sind die Bilder, die es nicht in die Kampagne geschafft haben...

Dank geht an

Wolfgang Büchner, dessen Idee SPAM eigentlich ist, **Mathias Müller von Blumencron,** der sich dafür begeistern ließ, **Rüdiger Ditz,** der seine schützende Hand über uns hält, seitdem er die beiden entlassen hat, **Jule Lutteroth,** die sich morgens am nettesten über unsere Bar-Witze freut, **Fried von Bismarck,** der die Frage aufwarf, ob man sich in Krisenzeiten wirklich Satire leis-

Wolfgang Büchner und Mathias Müller von Blumencron mit den Bauplänen von SPAM

ten wolle, und sie nicht energisch genug verneinte, **Hanz Sayami** für die sichtbare Ästhetik der Seite und **Rene Gauding** für die unsichtbare, **Christopher Kurt** für den Witz-Generator, der automatisch Fotowitze generiert, wenn uns mal nichts einfällt, **Martin Trilk, Oliver Schmitt, Ireneus Schubial, Erik Seemann** und

alle anderen Bild-Redakteure, die zwischen unwichtigen Politik-
leitartikeln immer mal wieder wichtige SPAM-Beiträge bebil-
dern, **Anna Korolewicz** und **Alexander Trempler,** die zusammen-
montieren, was nicht zusammengehört, **Carlo Ingelfinger** (der
nach 20 Jahren *taz* genau weiß, wann ein Witz *nicht* frauenver-
achtend ist), **Florian Harms, Stefan Plöchinger, Jörn Sucher,
Matthias Streitz** und alle Aushilfs-CvDs, die unsere Beiträge inzwischen viel gelassener sehen und nicht mehr nur nach journa-
listischen Kriterien beurteilen, **Helke Grusdas, Valérie Wagner,
Stefan Schütt** und **Holger Uhlig,** die sie zuverlässig auf die Seite
befördern, die **Julias Eltner** und **Rateike** und **Dörte Trabert,** die
unsere Jahrestermine koordinieren (Weihnachtsfeier) und uns
ermahnen, wenn wir nach einem Computer-Crash in zwölf Mona-
ten nur elf Rechnungen stellen, **Daryl Lindsey** und seine Leute,
mit denen wir uns monatlich im sportlichen Wettstreit um die
10 000 000-Klickmarke messen, **Jan Siegel** und **Gabi Rittig** für
Rechtsberatung (wenn es mal wieder heißt: »Die Grenzen der
Satire sind weit überschritten!«), **Joachim Reimers** und **Mirko
Ruhloff** für souveräne Hilfeleistung nach Apfelsaft-Tastaturen-
Tests und anderen technischen Gaus, **Uwe Becker,** den größ-
ten Fotowitzemacher Deutschlands, dem sicherlich 70 Prozent
der Witze in diesem Buch zu verdanken sind, **Georg Behrend,
Susanne Berkenheger, Christian Kandeler, Klaus Ungerer** und
Bernd Zeller für die restlichen 30 Prozent, *Titanic*-Art-Direktor
Tom Hintner für weise Ratschläge (»Einfach mehr Bier trin-
ken...«), **Angelika Mette, Claudia Rauchfuß** und **Martin
Breitfeld** für ihre Geduld. Und natürlich an ███████████████

Martin Sonneborn. Das Partei Buch. Wie man in Deutschland eine Partei gründet und die Macht übernimmt. KiWi 1090

»Martin Sonneborn ist ein Partisan der Parodie.« *Die Welt*

»Dieser Mann will es wissen. Yes, he can!« *Spiegel Online*

»Blicke in die deutsche Seele – Martin Sonneborn wagt sie. Freundlich, hintersinnig, mit klarer Mission.« *heute journal*

»Der Buster Keaton der deutschen Politik!« *taz*

www.kiwi-verlag.de